SANTI E PREGHIERE

San Leopoldo Mandić

Apostolo del perdono di Dio

SAN PAOLO

Collana «Santi e preghiere»:
progetto editoriale a cura di *Natale Benazzi*

Redazione dei testi del presente volume
a cura di *Luca Crippa*

In copertina:
San Leopoldo Mandić
Dipinto di G. Mincato
Padova, Santuario di San Leopoldo Mandić

Piazza Soncino, 5 - 20092 Cinisello Balsamo (Milano)
www.edizionisanpaolo.it
Distribuzione: Diffusione San Paolo s.r.l.
Piazza Soncino, 5 - 20092 Cinisello Balsamo (Milano)

ISBN 978-88-215-9813-5

SETTE TRACCE
PER CONOSCERE UN SANTO

1
RAGAZZO IN TERRA DI CONFINE

Bogdan Mandić Zarević nasce il 12 maggio del 1866 a Castelnuovo in Dalmazia.

Ogni biografia che si rispetti comincia con questa notizia; non tutte contengono un destino in queste poche prime parole. Infatti, nelle biografie del futuro padre Leopoldo si legge che egli viene battezzato il 13 giugno 1866 col nome di "Bogdan" e si aggiunge sempre: "in italiano, Adeodato".

Perché questa precisazione? Il bambino è il dodicesimo figlio di una famiglia croata un tempo benestante, la madre ha origini nobiliari e appartiene ad un'antica stirpe di quel popolo. Dunque parlare del nome di Bogdan e indicare subito il suono italiano del suo nome non rivela in nessun modo un pensiero dei genitori a un futuro del bambino in Italia: Bogdan nasce croato e croato nel cuore rimarrà tutta la vita. Anche se l'italiano (o meglio: il veneziano) è la lingua ufficiale della sua terra, egli apprende il croato come lingua madre e appartiene alla complessa cultura della gente dei Balcani. Insomma volerlo subito italiano, anche solo con una piccola nota sul suo nome straniero, è fargli un piccolo torto: padre Leopoldo sarà uomo di pace in un'epoca in cui i confini pesano come macigni, ma non avrà bisogno, per diventarlo, di rinnegare la sua origine.

L'eredità di antichi conflitti

Tuttavia l'impulso a tradurre il suo nome si può anche comprendere: dice la storia. E non è una storia facile.

Calstelnuovo oggi è una splendida località turistica sulla costa del Montenegro, all'ingresso delle Bocche di Cattaro, non lontano dal confine con la Croazia. Al tempo della nascita del piccolo Bogdan questa città fa parte dell'Impero austro-ungarico.

La Dalmazia è stata a lungo dominio di Venezia, poi dal Cinquecento ha subìto la terribile pressione dell'Impero ottomano, finché, nel 1699, è stata strappata ai Turchi dall'Impero asburgico, insieme all'Ungheria. I più accesi sostenitori del nazionalismo risorgimentale la vorrebbero però italiana, e l'Italia entrerà nella Prima guerra mondiale anche a seguito della promessa di Francia e Inghilterra che al termine del conflitto questa regione diventi parte del Regno d'Italia.

Insomma, Bogdan nasce in una terra contesa, senza pace. E la mancanza di pace non è solo nei trattati internazionali e nel variare delle carte d'Europa. È nei cuori, è nelle vicende personali. Per tutta la vita padre Leopoldo chiamerà "la mia gente" un insieme di etnie, di culture, di lingue e di religioni che faticano a convivere le une con le altre. Faticano persino ad accettare il proprio passato. Musulmani e cristiani non si amano certo, ma anche cattolici e ortodossi si considerano estranei. E le divisioni sono reali. In ogni casa si ricordano odi, vendette, agguati e persino stragi.

Possiamo stupirci che padre Leopoldo, uomo di Dio e quindi uomo di pace, si sarebbe sentito chiamato, in ogni fase della sua vita, a dare se stesso per la riconciliazione tra le confessioni cristiane?

Un ragazzo votato all'umiltà

A ogni modo, almeno per i suoi primi anni di vita, non è giusto far pesare la storia sulle spalle del ragazzo. Tanto più che egli cresce con un fisico gracile, goffo, che lo forza a una certa timidezza e gli attira la derisione dei compagni di giochi più baldanzosi. Anche parlare speditamente gli riesce difficile: la balbuzie lo tormenta.

Tuttavia, il suo carattere è cordiale: sa essere generoso e sa frenare, e non solo per necessità, l'impulso dell'ira e la voglia di rivendicare rispetto con la forza. La sua compagnia è gradita. E a tratti è anche un personaggio affascinante: si fa assorto, custodisce in silenzio certi suoi pensieri, mostra una profondità che spiazza gli amici e un senso di maturità precoce che incute, questa sì, un certo rispetto.

Bogdan cresce con animo grande. Il padre lo accompagna a Messa ogni mattina, la madre gli insegna la preghiera come luce che accompagna le ore del giorno. Castelnuovo ospita un convento di Frati Minori e ogni pomeriggio il ragazzo frequenta questo ambiente per il doposcuola. Sono tutti elementi che lo formano e che lo preparano ad accogliere la sua vocazione.

A sedici anni, nel novembre 1882, i ragazzi di Castelnuovo lo perdono di vista. «Sparì e non ne seppi più nulla», testimonierà uno di loro quando saprà di aver giocato sulla spiaggia con un santo.

Bogdan è partito. Si porta nel cuore acque azzurre e verde di collina. Si porta nel cuore la sua gente.

2

PREPARARSI A CIÒ CHE DIO VUOLE, CON UN PROGETTO (IMPOSSIBILE) NEL CUORE

Le tappe della formazione come frate cappuccino, uno dei rami della famiglia francescana, hanno date regolari: nessuna crisi nel percorso, nessun ripensamento.

Bogdan entra l'11 novembre 1882 nello studentato cappuccino di Udine, dove per due anni si segnala per l'intensità della sua preghiera e lo spirito di disciplina. Passa poi a Bassano del Grappa per l'anno di noviziato. Con la vestizione religiosa, il 2 maggio 1885, assume il nome di Leopoldo Maria.

Segue, fino al 1888, il triennio di studi filosofici a Padova. La sua concentrazione nello studio è assoluta, come quella nella preghiera.

Nell'autunno del 1888 si trasferisce per lo studentato teologico al convento del Redentore, presso l'isola veneziana della Giudecca, e il 20 settembre 1890 viene ordinato sacerdote nella basilica veneziana di Santa Maria della Salute.

In una foto scattata nel giorno dell'ordinazione appare in tutta la semplicità della sua umile presenza fisica e del suo atteggiamento aperto: la mano sinistra è sul cuore, la destra è appoggiata a un tavolino e stringe un libro in cui le dita tengono il segno, come se il fotografo avesse interrotto una devota lettura; il saio è stretto da una ruvida corda e cade quasi a toccare terra, dove spunta un piede calzato solo dal sandalo francescano; sul capo l'ampia tonsura nega la giovinezza dell'uomo di ventiquattro anni.

Nessuna arte del ritrattista, nel giorno solenne, riesce a nascondere la piccola statura del frate: un metro e quaranta, non di più. Lo sguardo, infine, è attento, pronto, come a scrutare e a interpretare i sentimenti di una persona che sia entrata nella stanza e che abbia bisogno di aiuto.

Tanta disponibilità, in un piccolo vaso di creta.

Padre Leopoldo è un sacerdote pieno di devozione. Ogni sera si confessa e a cena mangia pochissimo. Al mattino si alza molto prima della celebrazione della messa per prepararsi con almeno un'ora di meditazione. Dopo la consacrazione spesso lo vedono piangere di commozione.

Pronto a una grande missione

Ora che la formazione è terminata, a quale destinazione indirizzare il giovane apostolo? I superiori devono prendere una decisione in base alle esigenze dell'Ordine, ai bisogni del mondo e alle caratteristiche del nuovo membro della famiglia.

Nell'attesa, padre Leopoldo non nasconde di avere nel cuore un sogno che coltiva da tempo.

Il 18 giugno 1887 – data che conosciamo per sua testimonianza scritta –, mentre si svolgeva con regolarità il suo corso di studi e l'approfondimento del suo spirito di preghiera, egli aveva avuto un'esperienza mistica indimenticabile: per la prima volta la croce di Dio gli aveva parlato del ritorno dei cristiani d'Oriente all'unità cattolica. A questa sfida lanciata contro una secolare, quasi millenaria ferita nell'unità della Chiesa egli si sentiva (dovremmo dire: si sapeva) chiamato da Dio.

Dunque voleva offrirsi per la riconciliazione delle lacerazioni tra Chiesa d'Occidente e Chiese d'Oriente: contrasti, sospetti, accuse che ancora oggi pesano sulla pace del gregge di Cristo e minano la sua credibilità agli occhi del mondo.

Il giovane padre Leopoldo aveva ben conosciute nella sua infanzia e nell'adolescenza le conseguenze storiche, politiche, economiche, culturali di quell'antica ferita. E ora le notizie dal mondo, che nei Balcani stava giocando contrapposte partite di predominio tra la Russia ortodossa, protettrice della Chiesa serba, e l'Impero austro-ungarico, monarchia cattolica, non facevano che confermare l'urgenza storica, oltre che spirituale, di un impegno per la riconciliazione.

«Sono più di vent'anni che prego a questo scopo», scriverà padre Leopoldo in una lettera del 1913. È passato quel tempo, dall'ordinazione sacerdotale, e siamo alla vigilia della Prima guerra mondiale, che proprio nei Balcani avrà l'immediata causa scatenante. Il cuore del frate è sempre lì.

E che il suo pensiero sia stato rivolto per tutta la sua esistenza al bene della "sua gente" è confermato da molte testimonianze.

Avventuriero apostolico nel desiderio...
...fermato dall'imbarazzo dei superiori

Quindi è provato che padre Leopoldo desiderò partire missionario per i Balcani, o comunque per l'Oriente. Visse, di conseguenza, la sofferenza di una vita intera di preghiera... per ottenere da Dio il compimento di quella che riteneva la Sua stessa promessa.

È questo il motivo, tra l'altro, per cui non prese mai la cittadinanza italiana, pur vivendo di fatto sempre nel nostro Paese. La cosa gli procurò anche qualche fastidio, negli anni della Grande guerra. Eppure non cambiò mai idea: sperava che il restare dalmata anche a tutti gli effetti civili avrebbe prima o poi costretto i superiori ad affidargli una destinazione dalmata, o comunque orientale.

Fin da quando era stato ordinato sacerdote, l'umile padre Leopoldo si era fatto coraggio, chiedendo ai superiori di essere inviato missionario nei Balcani. Faceva valere, tra l'altro, le sue oggettive predisposizioni: prima fra tutte, la conoscenza della lingua della gente di Dalmazia e della cultura dei popoli in faticosa convivenza in quelle terre.

Eppure la richiesta venne respinta.

I motivi di tanta fermezza apparivano evidenti anche al superiore più sensibile alle sue richieste: padre Leopoldo era un piccolo frate dal fisico fragile e dal passo incerto, e soprattutto era "fortemente balbuziente". Non si poteva pensare a un suo impegno come predicatore, a una missione apostolica in mezzo a gente ostile o quantomeno sospettosa.

I superiori, purtroppo, avevano ragione.

3

LA FORZA SEGRETA DEL PICCOLO FRATE

Dunque i superiori, che pure lo apprezzano e lo rispettano, non sanno che fare di frate Leopoldo. Negli anni successivi egli è confessore a Venezia, dal 1890 al 1897. In questo periodo già si segnala per le sue straordinarie doti in questo servizio, ma intanto non rinuncia al suo sogno.

Finalmente, nel 1897 i superiori sembrano accontentarlo e lo destinano a Zara come superiore in un piccolo ospizio. Così egli si avvicina all'Oriente, ma nello stesso tempo non ha nessun ruolo attivo. Infatti passa il tempo in preghiera e in meditazione e ogni tanto scende al porto, per chiacchierare con qualche marinaio e qualche mercante che osserva incuriosito il piccolo frate gentile e non manca, ogni tanto, di sfogare con lui le proprie preoccupazioni.

Passano solo tre anni e padre Leopoldo è richiamato in Italia, a Bassano del Grappa. Anche qui, cinque anni di confessionale e tempo per la preghiera e lo studio. Poi, tra il 1905 e il 1906 è di nuovo di là dal mare, invisibile e da tutti ignorato apostolo dell'Adriatico: vicario al convento di Capodistria.

Tra il 1906 e il 1909, altra destinazione: il santuario della Madonna dell'Olmo a Thiene (Vicenza).

Un fraticello che si può prendere in giro

A Thiene gli accade un incidente che mette in discussione anche l'unica opera cui può dedicarsi con frutto (e, a dir la verità, con crescente ammirazione dei fratelli). Nel confessionale del santuario si dedica anche alla confessione delle giovani operaie che lavorano in una vicina fabbrica, ragazze sottoposte a lunghi orari di lavoro, di poca cultura e con poche occasioni di svago. Un giorno tre di esse, spinte da un'ispirazione di orgoglio giovanile, si mettono d'accordo e si prendono gioco di lui proprio al confessionale, cercando di mandarlo in confusione e, forse, in tentazione. L'episodio non ha alcuna conseguenza sulla forte anima del frate, ma viene conosciuto e spinge i superiori a togliere a Leopoldo per un certo periodo l'esercizio della confessione.

Si tratta di un'amara umiliazione. A questo punto sembra al povero Leopoldo che la sua presenza nell'Ordine non sia di alcuna utilità pubblica.

Non molto tempo dopo, viene trasferito di nuovo.

Uno spirito pieno di fede, di conoscenze, di intuizioni spirituali

I compagni di padre Leopoldo, che lo conoscono nei vari conventi dove gli capita di risiedere nel suo apparentemente inutile pellegrinare, ne esaltano le doti di orazione – spesso lo sorprendono a pregare per notti intere –, di intensa celebrazione dell'eucarestia, di disponibilità al servizio – non gli dispiace lavare i piatti, anche se è quello che mangia meno di tutti –, di paziente ascolto delle chiacchiere dei confratelli. Qualcuno, che ne ha gli strumenti, riconosce anche l'erudizione e la calda passione teologica del frate, insieme alla passione civile: già esperto del pensiero di san Tommaso, conosce bene anche l'insegnamento di sant'Agostino, la Bibbia, i padri della Chiesa (tra i quali, amatissimi, quelli della tradizione ortodossa), i testi dei grandi predicatori cristiani, da san Giovanni Crisostomo a Bossuet, la storia e la spiritualità francescana; legge i documenti del magistero e si tiene informato su quanto si muove nel mondo dell'impegno sociale e politico cattolico dell'epoca. Tra i penitenti che si rivolgono a lui cominciano a esserci laici impegnati nelle più diverse professioni: avvocati, professori universitari, imprenditori.

Pochissimi, anche i più attenti, hanno tuttavia un'idea completa delle sue grazie spirituali.

Abbiamo già detto della chiamata divina a dedicarsi all'unione con i cristiani d'Oriente e alla missione in quella direzione. Insieme a questa segreta, e frustrata, vocazione egli matura, proprio a causa della delusione, ma con l'intento di trasformarla in un'opportunità, una spiritualità di offerta totale di sé al Signore come vittima.

Una disponibilità a Dio dalle conseguenze imprevedibili.

Attento alla Parola di Dio

Nel 1909 la sua parabola si compie. Giunge a Padova, dove rimarrà quasi tutta la restante vita in perfetta obbedienza. Qui, nei primi anni, ha un compito impegnativo: la direzione degli studenti che dimorano nel convento di Santa Croce e l'insegnamento di patrologia. L'incarico gli è gradito. Fatica a esprimersi e deve molto concentrarsi per insegnare. Anche gli studenti devono esercitare con lui la propria pazienza, ma il suo atteggiamento è affettuoso e paterno, e questo li conquista.

La sua conoscenza dei padri è messa a buon frutto ed egli trasmette agli studenti la passione per la predicazione che lui stesso non può praticare. Si segnala, tra l'altro, per l'energia con cui sostiene la necessità di un'annuncio della fede che abbia origine nella Scrittura e in nessun'altra fonte di ispirazione. «Si accendeva di fuoco» ha testimoniato anni dopo un suo allievo, divenuto vescovo,

> «al sentire che sacerdoti e religiosi invece di pascere i fedeli con la Parola di Dio, facevano solo sfoggio di erudizione profana. Parlava, tremando, della disperazione che coglierà quei predicatori in punto di morte, per aver essi tradita la Parola di Dio».

Intanto il suo spirito lavora in segreto, con Dio.

Voto di vittimalità: il cuore della spiritualità di padre Leopoldo

Il 27 agosto e il 19 novembre 1912 sono date molto importanti, nella vita di padre Leopoldo. E probabilmente date decisive. In agosto egli esprime a Dio un voto in cui si offre come vittima per i fratelli d'Oriente. In novembre il voto si ripete, e questa volta egli si offre vittima per i suoi studenti.

Dietro queste due serissime iniziative c'è un'intuizione molto radicale: la sostituzione sacrificale. Padre Leopoldo chiede a Dio di espiare personalmente le colpe di altri. Egli si rende disponibile per ogni possibile sofferenza, purché ne derivi un alleggerimento di responsabilità per gli altri.

A questa impegnativa decisione il piccolo frate è giunto con un lungo cammino di meditazione. Lo anima in primo luogo la particolare intensità con cui celebra l'Eucarestia. Nel momento della consacrazione egli sente fisicamente la forza e l'amore del sacrificio di Cristo per la salvezza dell'umanità e desidera con tutto se stesso parteciparvi. Una seconda fonte di ispirazione è la devozione al Sacro Cuore di Gesù, allora in piena diffusione nella Chiesa, che invitava a fondere i propri sentimenti con la generosità salvifica del Redentore.

Tuttavia, partendo da questi motivi, padre Leopoldo giunge a un estremo: l'assimilazione identificante con Gesù vittima, compiuta non solo nell'intensità del proprio celebrare e pregare, ma *con il proprio corpo*.

Questo il commento alla decisione del frate del professor Alberto Vecchi, uno dei suoi biografi:

> «Il sacerdote che sull'altare spezza il pane eucaristico sacrifica in nome di Cristo: ma non è egli la vittima, che è Cristo. Leopoldo, col suo voto, chiede che, sacrificando sull'altare, possa egli stesso essere vittima assieme a Gesù, in perpetuo, così come perpetuo è il sacrificio di Cristo sugli altari della Chiesa cattolica».

Ecco la risposta di padre Leopoldo all'impossibilità fisica di dedicarsi alla missione. Chi comprende questa estrema generosità, comprende il mistero di padre Leopoldo. Riconosce cioè la fonte delle sue grazie successive, spirituali e fisiche, da lui guadagnate e offerte a centinaia di fedeli. Comprende anche l'origine dei suoi miracoli.

Intanto, mentre è professore, l'avventura della speciale santità di padre Leopoldo comincia così: col chiedere ai superiori – o con il consentire personalmente – alleggerimenti disciplinari per i propri studenti, aggravando in compenso su di sé i rigori della disciplina ascetica.

4
SUI PASSI DI SANT'ANTONIO

La bella esperienza come insegnante e guida degli studenti si interrompe nel 1914, allo scoppio della guerra.

Passati gli anni del conflitto, forse per costringerlo ad arrendersi alla volontà divina, la vita gli gioca un brutto scherzo. L'Italia è insoddisfatta delle condizioni di pace che sono state stabilite a Parigi. Infatti, in base agli accordi presi prima dell'ingresso nel conflitto, ora la Dalmazia dovrebbe essere italiana. Ne deriva un colpo di mano dei nazionalisti italiani: capitanati dal poeta Gabriele d'Annunzio si impadroniscono della città di Fiume smentendo gli accordi internazionali.

Così, nel 1923, a padre Leopoldo sembra aprirsi lo spiraglio sempre desiderato: da anni sta svolgendo il suo prezioso ministero di confessore a Padova, quando improvvisamente lo inviano come confessore a Fiume!

Appena conosciuta la novità, il frate si precipita a partire, entusiasta del trasferimento verso l'Oriente. Ma ecco che dopo sole poche settimane gli giunge una lettera: il padre Provinciale lo rivuole subito a Padova e lui, con il cuore spezzato, deve subito sottomettersi.

Un superiore cui non si può disobbedire

Cosa è accaduto perché si verificasse un ripensamento così rapido? Forse padre Leopoldo ha compiuto qualche azione discutibile nella città di nuova destinazione? Ha forse urtato la suscettibilità di qualche politico in un momento delicato nel braccio di ferro per il controllo di quest'area?

Niente di tutto questo. La motivazione del richiamo è del tutto positiva: tutti lo rivogliono a Padova. Un gran numero di penitenti non può fare a meno di lui, perché gli ha affidato la sua anima e le sue speranze; una parte di essi ha esercitato forti pressioni sul vescovo della città, Elia Dalla Costa; il vescovo si è rivolto al Provinciale e questi non ha potuto che soddisfare una richiesta così ben motivata.

Insomma, è cominciata la leggenda del "santo confessore".

E i motivi ci sono tutti. E tra gli altri, al suo ritorno a Padova, il Provinciale gliene indica uno sul quale la discussione diventa quasi impossibile: «Si vede che il Santo la vuole vicino a sé».

"Il Santo", a Padova è Antonio, colui che è celebre per aver condotto per mano la città alla salvezza. Indimenticabile la sua predicazione quaresimale del 1231, che trascinò in piazza ad ascoltarlo migliaia di persone. Per la forza delle parole del portoghese, cittadino d'adozione, a migliaia furono spinti alla conversione, e quindi, in primo luogo, alla confessione. Pochi mesi dopo, Antonio moriva. Il suo corpo, trasportato in città, divenne subito fonte di miracoli e guarigioni. Il ricordo delle sue parole e del suo esempio continuerà a ispirare un forte rinnovo di vita evangelica persino nei secoli successivi.

Persino nel 1923.

Nella comunione dei Santi, padre Leopoldo potrebbe essere stato chiamato a rinnovare i doni fatti alla città e al mondo dal grande predicatore? La domanda rimane sospesa. Gli anni successivi, fino alla morte del piccolo frate, offriranno una risposta clamorosa.

Nel frattempo, si assiste al ritorno del religioso ubbidiente da Fiume. Così scrive un suo attento biografo:

«L'Oriente tanto sospirato era finalmente vicino, ed ora il suo ideale sfumava un'altra volta. Chissà quando avrebbe potuto realizzarlo! Ma la volontà del Signore era manifesta; ed egli, prontissimo all'obbedienza, ritornò subito sui suoi passi. A Padova fu una gioia per tutti: era ritornato il padre buono, il padre santo e tutti godevano. Ma nessuno sospettava quale sacrificio fosse costato a lui quel ritorno, perché egli si mostrò così contento e allegro come avesse ottenuto l'appagamento del suo più ardente desiderio».

Il voto di vittimalità stava dando i suoi frutti.

5
CONFESSORE BENIGNO

Visto che dopo tutto lo sforzo di padre Leopoldo per prepararsi alla missione nel mondo e dopo tutto il suo pregare e offrirsi al Signore gli rimane soltanto il servizio della confessione, diventa inevitabile chiedersi quale fosse il segreto del suo confessare. Su questo i testimoni da interrogare sono i penitenti. E l'ascolto del loro ricordo mette in luce i due aspetti fondamentali del segreto di padre Leopoldo confessore: la "larghezza di manica" e la richiesta di caricare il peso del peccato sulle sue spalle solo apparentemente fragili.

Benignità che converte

L'Ordine Cappuccino ha sempre proposto ai suoi membri uno stile di vita rigoroso e ascetico. Padre Leopoldo ha fatto proprio per tutta la vita questo stile, mai risparmiandosi digiuni, veglie prolungate, intense preghiere e penitenze. Eppure, quando si tratta di imporre a un uomo o a una donna che si confessa una penitenza riparatrice, il frate è straordinariamente prudente e benigno.

Persino i suoi suggerimenti e le sue raccomandazioni sono limitati e prudenti. «Abbia fede», raccomanda, e poco altro. Anche di fronte alle colpe più gravi sembra aver poco da pretendere, in nome della giustizia divina. Chi, tra i confratelli, non lo capisce o addirittura lo critica, si sente rispondere: «Dobbiamo lasciare agire la Grazia. Dobbiamo lasciare intervenire Gesù». Dunque padre Leopoldo sente di agire in nome di Cristo e del Cristo vuole far incontrare la dolcezza, la pazienza, l'abbraccio profondo che fa calare un silenzio di pace anche sull'anima più tormentata.

Spesso chi si accosta alla confessione, spinto da un moto dello Spirito che porta al pentimento, si immagina il proprio peccato come un ostacolo terribile, come una ferita che non si può né nascondere né curare. Padre Leopoldo, invece, *sembra* occuparsi poco del compito di pesare e valutare con severità la gravità e le conseguenze delle colpe. Tutto accoglie con una straordinaria e inesauribile riserva di dolcezza, e in questa dolcezza lascia sciogliere il veleno dell'anima in attesa.

Accade così che il frate – di cui tanti assicurano trattarsi di un Santo proprio per la severità con cui tratta se stesso – quando accoglie un penitente spiazza e sconcerta. Tutti, prima di conoscerlo, sono portati a temere che egli esprimerà alte pretese, e tutti si ritrovano poi di fronte a un uomo mite, di poche parole, attento e sorridente. Un uomo convinto con tutto se stesso del potere della Misericordia di Dio.

Padre Leopoldo in azione

Ogni volta che confessa, padre Leopoldo mostra anzitutto gioia nell'incontrare un uomo che si rivolge a lui e spera, attraverso di lui, di incontrare Cristo. Poi ascolta con pazienza, senza inquietare con domande l'anima che gli si apre. L'altro magari si aspetta che il celebre confessore gli rivolga insegnamenti profondi e raccomandazioni impegnative. Invece il frate, ascoltati i peccati, riprende a sorridere e tutto affida alla bontà di Gesù e alla maternità di Maria, proprio come fossero suoi parenti. Il tutto in un atteggiamento di disarmante normalità, come se la presenza di Gesù misericordioso e il conseguente affidarsi a Lui siano la cosa più normale, la più ovvia e la più semplice. È così che il confessore "di manica larga" si fa il «restitutore di certezze soprannaturali», come afferma uno dei suoi biografi.

Infine, ecco l'indicazione di una penitenza, che quasi sempre consiste in sostanza in un atto, il più sincero possibile, di affidamento a Dio e di rinnovata decisione di camminare con Lui.

Da questa disadorna, calorosa ma ferma manifestazione di fede, padre Leopoldo passa poi alla più intensa solennità quando concede l'assoluzione. In quel momento il piccolo uomo diventa un gigante e colpisce per la sua spirituale grandezza.

Segue un cordiale saluto, con la ripetizione insistita della raccomandazione più importante: «Abbia fede, abbia fede...».

In alcuni casi, però, c'è tempo per un dialogo più prolungato, e solo allora, a cose fatte, il frate può stupire per la profondità delle sue riflessioni e la vastità della sua sapienza spirituale. «Io stesso», dirà un testimone al processo di beatificazione,

> «esponendo al padre difficoltà professionali o intricate situazioni di amici o sposi ricorsi al mio aiuto e consiglio, ho dovuto sorprendermi e meravigliarmi dei suoi precisi giudizi e consigli, delle soluzioni inattese che, a ben rifletterci, sembravano le sole possibili».

Così si esprime un altro testimone, descrivendo l'ambiente dove il frate confessa e il suo stile in occasione di confessioni più impegnative:

«Una piccola, nuda, disadorna stanzetta quadrangolare che aveva, sul lato destro di chi entrava, una modestissima e grezza libreria con pochi volumi; a sinistra un inginocchiatoio sormontato da un grande crocifisso, e una sedia per il padre; di fronte, un piccolo tavolino e negli ultimi anni, soffrendo egli di artrite, una minuscola stufetta in terracotta.

Lo rivedo col suo passo incerto farsi incontro al penitente sfoggiando quel suo radioso sorriso infantile, allungare la mano ora in una stretta, ora in un cenno di benedizione, mormorando quelle soavi e paterne parole: "Grazie, grazie". Se era persona non conosciuta ed egli notava in essa qualche perplessità o diffidenza, si faceva dolce e materno, ed usava espressioni così nuove, così inattese, che inducevano alla resa anche i più scontrosi ed esacerbati [...], e con grande stupore dell'ospite enumerava con delicatezza estrema, con tatto squisito le colpe conosciute e nascoste, le pene e le ansie che assillavano i nostri cuori e le nostre anime, individuava con esattezza i disordini morali e fisici che le avevano prodotte. Lo sbalordimento dei penitenti, dapprima sorpresi, poi stupiti, ed infine commossi, si concludeva spesso in un dirotto pianto: pianto di gioia e di dolore, talvolta di angoscia e di terrore. Allora il padre, mettendo la sua mano sul braccio dell'"ammalato" o abbracciandolo paternamente, diceva: "Stia tranquillo; metta tutto sulle mie spalle; ci penso io"».

Espiazione

"Ci penso io". In questa promessa sta l'altro aspetto della grazia particolare di padre Leopoldo confessore. Quando il penitente esce sentendosi liberato, lascia al frate un peso che egli sa bene come portare: sacrificandosi per il fratello. La penitenza per l'uomo che ha appena dimostrato sincera volontà di convertirsi e fiducia nella bontà di Dio è leggera. La penitenza per il confessore è molto più pesante, perché lui sa perché e come sopportarla.

I testimoni parlano di flagellazioni, ore di preghiera nella notte, freddo e fame sofferti in segreto.

Il voto di vittimalità, che lo ha fatto passare dall'essere avventuriero apostolico nel desiderio a confessore padovano per obbedienza, rivela qui la sua misteriosa fecondità. Il piccolo uomo accoglie, prende su di sé, prende in sé il veleno del male e lascia che esso tormenti la sua carne, visto che non può togliergli la serenità dell'anima. Ma a volte si tratta di un male che colpisce la fede e che ha interrotto l'amicizia tra l'uomo che si è confessato e il Padre: in questi casi padre Leopoldo soffre anche il buio del dubbio, la prova dell'aridità, il senso di assenza e di distanza dallo sguardo consolatore di Dio che è l'estrema prova della fede, riservata ai grandi mistici.

«La mia vita»

Il confessionale. Tutti i giorni. Per dieci, dodici ore al giorno. Spesso fino a tarda sera, approfittando di una dispensa dalla regola del convento che prevede che le porte, dopo una cert'ora, siano chiuse. Padre Leopoldo veglia vicino alla porta e subito corre ad aprirla, se qualcuno bussa anche di notte. Allora accoglie con gioia e allegria chi vuole entrare: «Eccomi, eccomi. Si accomodi, signore!».

Niente per sé. Tutto per gli altri.

Il confessionale, dirà a chi gli chiede come fa a resistere alla fatica fisica di un simile impegno, «è la mia vita».

6
MIRACOLI E FAMA DI SANTITÀ

Primo livello: l'uomo spirituale che plasma il proprio carattere

A detta di tutti coloro che gli sono stati più vicini, il primo miracolo padre Leopoldo l'ha compiuto su se stesso. Infatti, l'uomo che a tutti appariva dolce, paziente, mite, gentile, sollecito e sempre disponibile aveva in realtà un carattere forte e volitivo. I biografi descrivono la sua natura più istintiva come quella di un uomo focoso, complesso, iracondo. Costretto fin da ragazzo alla timidezza e alla prudenza per la sua fragilità fisica – era alto, da adulto, un metro e quaranta e procedeva con un'andatura addirittura traballante, che suscitava nei maligni la derisione – avrebbe potuto diventare una persona introversa e poco adatta al rapporto con il prossimo, soprattutto un prossimo bisognoso di straordinarie doti di comprensione, di ascolto, di pazienza.

Eppure quest'uomo difficile fu per tutti il più dolce del mondo. E ciò non fu la semplice manifestazione della sua natura, ma il risultato di un profondo e costante processo di vigilanza su di sé e di purificazione.

Amò la vita, ma imparò ad apprezzarla più negli altri che in se stesso, sempre offrendosi per la loro felicità.

Lo costrinsero al confessionale perché non sapevano che fare di lui e perché lì dentro non era troppo di imbarazzo né per sé né per gli altri. Qui seppe trovare la sua dimensione più autentica, perché seppe dare tutto se stesso e ricevere dagli altri tutto ciò che essi non volevano di sé.

Secondo livello: l'uomo delle intuizioni e della preveggenza

Un padovano si lascia trascinare da cattive compagnie e comincia a giocare d'azzardo con regolarità al Casinò di Venezia. La moglie è disperata perché l'uomo sta rovinando se stesso e la famiglia. Si confida con padre Leopoldo. Lui la ascolta e le dice: «Stia tranquilla, la cosa non si ripeterà più». La donna torna a casa ed è lieta di trovarci il marito che, pensa, almeno per quella sera non è partito per Venezia. Ma l'uomo le dice: «Non avevo voglia di andare», e da quella sera non frequenta più il Casinò.

Nel 1940, in una lettera del frate indirizzata alla signora Paola Costato, agli atti del processo di beatificazione, leggiamo:

> «Ancora una volta, confidando nella misericordia infinita di Dio, mi riprometto la guarigione della sua bambina. Già lei ha avuto altre grazie insigni: avrà anche questa».

Nel 1941, in un'altra lettera alla moglie di un avvocato, gravemente malato, scrive:

> «Domani celebrerò la santa Messa. Ripeto: abbiano tutta la fede. Avranno la grazia. Così pure il suo signor marito starà meglio: la grazia è imminente. Sarà completa».

Episodi simili se ne potrebbero raccontare a centinaia. Uno merita di essere riportato per intero, da una biografia del frate, per la simpatia che suscita:

> «Nel 1934 un padovano, in occasione delle feste pasquali, si mette in coda alla fila di penitenti che

attendono di essere confessati da padre Leopoldo. In realtà non ha nessuna intenzione di confessarsi: s'è messo in fila solo per farsi vedere da qualcuno e farlo contento; attende l'occasione buona per svignarsela. Ma è appena stato confessato il primo della fila, ed ecco che Leopoldo esce dal confessionale: fa cenno a lui di accostarsi e di inginocchiarsi al confessionale. Quello, sbalordito, ubbidisce; ma al confessionale non sa che cosa confessare: non ci aveva pensato. Allora, tra molte buone parole d'incoraggiamento, il frate gli enumera i peccati: "Le dirò io che cosa ha fatto... È questo?". L'uomo crolla, ed esce radioso dal confessionale, assolto».

Terzo livello: il guaritore e il dispensatore di grazie

In totale trasparenza, padre Leopoldo parla a nome di Cristo, perdona in nome di Cristo e in nome di Cristo guarisce. È diventato uno strumento docile ed efficace nelle mani del Salvatore.

Gli episodi straordinari si moltiplicano e diventa cosa ovvia per molti ricorrere a lui in aiuto quando il dolore è grande ed è grande anche la fede.

Nel 1939 Anna Gazzi, una donna affetta da tumore all'utero e con il marito disoccupato, si appella a padre Leopoldo. L'uomo di Dio la rassicura senza esitazione: «Lei è guarita, e oggi stesso suo marito sarà riassunto al lavoro». Tornata a casa, la donna riceve dal marito la notizia della riassunzione e percepisce già i sintomi della guarigione, presto confermati dagli esami medici.

Nel maggio 1940 Antonio Geremia, un bambino di sei anni affronta e supera con successo un intervento di asportazione delle tonsille e delle adenoidi. Un mese dopo è dimesso dall'ospedale perché considerato guarito. Purtroppo, tempo due settimane e il bambino deve essere ricoverato di nuovo con urgenza. I medici diagnosticano una grave forma di meningite. Un famigliare di uno dei medici, poi testimone al processo di beatificazione, si rivolge a padre Leopoldo. Il frate offre la sua preghiera e un rimedio: consegna all'uomo in cerca di aiuto una medaglia del venerabile padre Marco d'Aviano, il cappuccino del Seicento ispiratore della resistenza cristiana contro i Turchi che nel 1683 minacciavano Vienna. L'uomo, dice il frate, dovrà applicare al bambino la medaglia. Poi i parenti e le suore della casa di cura dovranno svolgere un triduo di preghiere al detto padre. «Il bambino», aggiunge padre Leopoldo, «guarirà». Così avviene, con grande stupore e sollievo dei medici.

La lista delle guarigioni e degli aiuti straordinari è molto lunga. Ci sono decine di casi documentati che vanno dal 1916 agli ultimi giorni di vita del frate. Spesso il frate agisce rispondendo alle richieste che gli vengono rivolte; altre volte, e non raramente, agisce di iniziativa propria e riesce ad avere effetti che risultano indipendenti da qualsiasi condizionamento di suggestione, di pressione psicologica o di preparazione subconscia.

Fama di santità

La famigliarità del frate con il soprannaturale appare l'unica spiegazione plausibile di tante grazie. La gente, senza alcuna esitazione, ricorre a lui convinta della sua "santità".

Un giorno, in un raro momento di svago, passeggia con un amico. Una ragazza si affaccia a una finestra, lo vede ed esclama: «Mamma, c'è il Santo».

Padre Leopoldo è colpito da simili manifestazioni di devozione. Colpito e amareggiato. A proposito delle persone che ricevono attraverso di lui miracoli e grazie straordinarie esclama: «Ma che colpa ho io se vengono da me con tanta fede e, per la loro fede, il Padrone Iddio li esaudisce? Che c'entro io?».

A volte mormora: «Perché a me queste cose? perché a me?». A volte si difende: «Nulla mi danno e nulla mi tolgono. Il Padrone Iddio abbia pietà dei miei peccati; mi perdoni per carità».

La fama di santità sembra assediarlo e lo tormenta. Gli tocca sottomettersi anche in questo caso. Gli tocca obbedire al desiderio del popolo di Dio e alla forza dell'amore di Dio per i suoi figli.

7

LA MORTE... E PADRE LEOPOLDO VIVO

Viene la Seconda guerra mondiale e l'Italia è trascinata dal regime fascista in un'avventura sciagurata. L'ansia della gente comune cresce molto e aumenta anche l'intensità del ricorso al frate confessore e consolatore. Padre Leopoldo dà tutto e non risparmia tempo, energie e attenzioni. Ma la sua salute comincia a declinare. Il suo direttore spirituale deve ordinargli di farsi curare, ma il frate non vuole privare nessuno della sua assistenza.

Tra l'autunno del 1940 e l'aprile del 1942 peggiora costantemente: ha forti dolori di stomaco e una crescente debolezza, che provoca svenimenti ma non ferma la sua dedizione. Il primo aprile è ricoverato e i medici sanno la verità: ha un tumore all'esofago.

Torna al convento e, sofferente, continua a confessare fino agli ultimi giorni. Mangia solo minestrine, subisce forti dolori, ha attacchi e convulsioni.

Giunge l'estate e in lui si fanno strada il senso della fine e la paura della morte. Il 29 luglio 1942, una giornata pesante d'afa, confessa quasi ininterrottamente. Il 30 sviene in sacrestia mentre si prepara per celebrare la Messa. I confratelli, affranti, lo portano nella sua cella e lo circondano di preghiera. Recitano le lodi della Vergine Maria. Lui muore non appena conclude l'invocazione: «O clemente, o pia, o dolce vergine Maria».

La folla accorre per salutarlo nel giorno della morte e il giorno seguente. Il primo agosto la salma viene tumulata al cimitero comunale, presente tutta Padova.

Negli anni successivi la devozione al frate non si interrompe mai. Nel settembre 1963 la salma viene riportata al convento dei Cappuccini e posta presso la cella che padre Leopoldo usava come confessionale: l'unica stanza risparmiata da un terribile bombardamento nel 1943, come il frate aveva predetto.

È il mese della solenne apertura del processo di beatificazione del piccolo frate. Il 3 febbraio 1966 l'esame della salma rivela che essa è incorrotta. Il 2 maggio 1976 papa Paolo VI dichiara padre Leopoldo Mandić beato; il 16 ottobre 1983 papa Giovanni Paolo II lo proclama santo.

Impossibile scrivere la parola "fine"

Che la Chiesa si pronunci solennemente a proposito della santità di un uomo significa che ci sono miracoli compiuti da lui dopo la sua morte: segni che confermano il mistero della sua partecipazione alle sofferenze di Cristo per la salvezza dell'umanità. Quanti sono i miracoli di padre Leopoldo dopo la sua morte? Attraverso le indagini della Chiesa ne conosciamo molti, studiati, analizzati, verificati oltre ogni ragionevole dubbio scientifico. Due di essi bastano per portare alla beatificazione: il primo è del settembre 1946 ed è la guarigione di una donna, affetta da peritonite tubercolare, che ormai tornata a casa per morire chiede improvvisamente ai parenti: «Avete visto padre Leopoldo?», e poi si alza, si veste e si reca in chiesa per ringraziare perché è guarita. Il secondo è del marzo 1962 ed è la guarigione di un uomo ormai morente per tumore allo stomaco per il quale la moglie chiede la grazia a padre Leopoldo e sembra non ottenere risposta. Poi viene l'ora dell'estrema agonia, ma improvvisamente l'uomo esclama: «Sono guarito» e la malattia scompare, come non ci fosse mai stata.

La lista è lunga e ricca di interventi di tipo diverso. Spesso padre Leopoldo appare al fedele per annunciargli la guarigione o la grazia di cui ha bisogno. A volte si intrattiene con lui in un dialogo fitto e ricco di sorprese.

In un caso, ben testimoniato, detta a una malata, Teresa Pezzo, di Valdiporro (Verona), che ora sta bene, una serie di raccomandazioni per alcuni conoscenti che le hanno chiesto di interrogare il santo al suo riapparire. Teresa, infatti, ha ricevuto dal frate la promessa che tornerà a trovarla. Ed ecco cosa accade:

> «La notte tra il 16 e il 17 dicembre 1946 la stanza buia della donna pare illuminarsi di nuovo: compare padre Leopoldo. La conversazione è lunga e amabile. In quanto alle molte domande presentate, il frate detta le risposte alla giovane, che scrive senza bisogno di accendere la lampadina. Non avendo essa a disposizione una penna, questa le è fornita dallo stesso Leopoldo.
>
> La sostanza dei due colloqui, tolte le parole riservate alla ragazza e nascoste nel segreto del suo cuore, e di quanto dettato si riduce a un reiterato invito alla fede e alla preghiera».

Con questi inviti, padre Leopoldo ancora ci accompagna.

TRE MINUTI
PER SETTE GIORNI

1 Fiducioso in Dio oltre ogni speranza

I Fioretti di padre Leopoldo

Si racconta, tra decine di testimonianze, di un miracolo di padre Leopoldo in cui è protagonista la sua assoluta fiducia in Dio. Ecco cosa scrive un suo biografo: Pietro Boccafoglio è un uomo di Stellata Po (Ferrara) affetto da tumore alla lingua. Egli si reca da padre Leopoldo con una lettera di presentazione del suo parroco. Giunto nel convento dei cappuccini, si sente chiamare direttamente dal religioso: «Lei, ammalato, venga qui». Poi lo invita a confessarsi e, terminata la confessione, il padre aggiunge: «Adesso facciamo la Santa Comunione». L'ammalato obietta la sua incapacità di deglutire, ma il religioso insiste: «No, adesso lei può farlo». In realtà quell'uomo scopre di poter fare la comunione. Anzi, per invito del religioso stesso, si recano insieme a fare colazione. A mezzogiorno può tranquillamente cibarsi di pane e salame.

Spesso i racconti dei miracoli di padre Leopoldo sono ricchi della sua speciale sicurezza nell'affermare l'efficacia della grazia di Dio. Egli non spera nella guarigione, per poi attendere una conferma. Egli sa. Conosce troppo bene la volontà del Creatore e il suo manifestarsi e ha parole certe per testimoniarla. È un famigliare di Dio.

Preghiamo padre Leopoldo: la Novena

Si recitino queste preghiere per nove giorni

1. O Dio, Padre onnipotente, tu hai arricchito san Leopoldo con l'abbondanza della tua grazia; concedi a noi, per sua intercessione, di vivere nell'abbandono alla tua volontà, nella speranza delle tue promesse, nell'amore della tua presenza.
Gloria al Padre...

2. O Dio, tu manifesti la tua onnipotenza soprattutto nella misericordia e nel perdono e hai voluto che san Leopoldo ne fosse tuo fedele testimone; per i suoi meriti, concedi a noi di celebrare, nel sacramento della Riconciliazione, la grandezza del tuo amore.
Gloria al Padre...

3. O Dio nostro Padre, in Cristo tuo Figlio, morto e risorto, hai redento ogni nostro dolore e hai

voluto san Leopoldo paterna presenza di consolazione; infondi nelle nostre anime la certezza della tua presenza e del tuo aiuto.

Gloria al Padre...

4. O Dio, fonte di comunione per tutti i tuoi figli, tu hai voluto Cristo unico pastore della tua Chiesa; per l'intercessione di san Leopoldo, silenzioso profeta dell'ecumenismo spirituale, infondi in noi il tuo Spirito, perché sappiamo pregare e donare la vita per l'unità di tutti i credenti in te.

Gloria al Padre...

5. O Dio, tu hai voluto Maria madre di Cristo e della Chiesa e hai allietato la vita di san Leopoldo con una tenera devozione verso di lei; consola la nostra vita con la grazia della sua bontà materna.

Ave, o Maria...

O Dio, Signore glorioso e Padre della vita, affidiamo al tuo amore le nostre speranze e le nostre preghiere; per l'intercessione di san Leopoldo guarda con benevolenza ai tuoi figli ed esaudisci le nostre umili domande.

Per Cristo nostro Signore. Amen.

2 Pronto al sacrificio per l'unità dei cristiani

I Fioretti di padre Leopoldo

Il 13 novembre 1927 padre Leopoldo si reca presso un collegio dei Gesuiti e mette per iscritto un voto *pro reditu dissidentium Orientalium ad catholicam unitatem* («per il ritorno dei dissidenti d'Oriente all'unità della Chiesa cattolica»). Era questo, allora, il modo di concepire quello che oggi, dopo il Concilio Vaticano II, chiamiamo piuttosto "dialogo ecumenico".

Ma accanto a questa energica richiesta a Dio di ricondurre tutti i suoi figli all'ovile, l'azione del padre è piena di amore e di misericordia. Si ricorda, in particolare, un corso di lingua croata che egli tenne a Venezia per i giovani cappuccini: se non poteva partire lui, sperava almeno di poter allevare un gruppo di missionari che sapessero esprimersi bene nella lingua del posto.

«Mentre egli spiegava, nell'aula», ricorda uno dei presenti, «si respirava un clima di silenzio, come di fronte al tabernacolo. Non era tanto per rispetto alla fatica che gli costava parlare, ma per il forte senso dell'importanza di quell'apprendimento. Come fosse già una sacra missione!».

La dedizione di padre Leopoldo alla causa dell'unione tra tutte le Chiese cristiane, pur frustrata dai suoi limiti fisici, ne fa uno dei padri dell'attuale movimento ecumenico.

Preghiamo padre Leopoldo: per l'unità della Chiesa

O Dio, che raccogli in un'unica Chiesa la moltitudine dei credenti, fa' che ognuno di noi ti ami e ti segua, per intercessione di san Leopoldo, che rivelò agli uomini la tua misericordia e la grandezza del tuo perdono.

Dio della vita, aiutaci, sull'esempio di san Leopoldo, a offrire la nostra esistenza per la salvezza degli uomini e l'unità dei cristiani.

Dio che riunisci i dispersi e li custodisci nell'unità, guarda benigno al gregge del tuo Figlio. Per intercessione di san Leopoldo fa' che coloro che sono stati consacrati da un solo battesimo siano raccolti nel vincolo dell'amore e della vera fede.

3 Apostolo della misericordia di Dio nella confessione dei peccati

I Fioretti di padre Leopoldo

Si diceva di lui che fosse buono e comprensivo e si attribuiva la sua amabilità e l'efficacia del suo rivolgersi ai penitenti alle sue doti innate. Ma un professore universitario, che lo conobbe bene, testimonia così:

«Padre Leopoldo aveva la singolare dote di afferrare rapidamente, in una visione d'insieme, l'ammalato-penitente che gli si presentava: mi diceva che egli dava molta importanza al portamento, all'andatura, al modo di presentarsi, alla ricercatezza o alla trascuratezza dell'abbigliamento, alla capigliatura, allo sguardo, al colorito del viso. Diceva che al confessore, come al medico, è necessario un attento esame per conoscere la struttura biologica e psichica della personalità del paziente o penitente, e affermava: "Solo così potremo dare ai nostri sofferenti non solo un aiuto temporaneo, ma avremo la possibilità di chiarire ad essi il significato e la natura dei loro disordini"».

Amore e attenzione profonda al cuore dell'altro. Fede e sapienza, se non scienza, del cuore dell'uomo. Padre Leopoldo si sentiva non solo dispensatore della Grazia, ma anche medico dell'anima. Realizzava così il detto di Gesù: «Non sono i sani che hanno bisogno del medico, ma i malati...» (Lc 5,31).

Preghiamo padre Leopoldo: per prepararci alla confessione

O san Leopoldo,
fatto dal divin Salvatore
strumento perfetto della sua infinita misericordia
nel sacramento della penitenza,
ti preghiamo di ottenerci la grazia
di confessarci spesso e bene,
per poter avere sempre l'anima nostra monda
da ogni colpa
e realizzare in noi la perfezione
alla quale Egli ci chiama.

San Leopoldo,
che hai letto in profondità
nel cuore di tanti penitenti,

aiutaci a riconoscere in noi le ferite del peccato
e ad accostarci con fiducia
al guaritore divino,
annunciatore della misericordia del Padre
e tenero pastore
in cerca di ogni pecora dispersa.

Gloria al Padre...

4 Giudice equilibrato dell'impegno dell'uomo per la sua salvezza

I Fioretti di padre Leopoldo

Padre Leopoldo era celebre per il suo chiedere poco agli altri e molto a se stesso. A proposito dello sforzo nella vita di ogni giorno e delle sofferenze che è necessario patire per guadagnare il paradiso, il suo insegnamento era nello stesso tempo consolante e realisticamente impegnativo: «Non occorrono penitenze straordinarie. Basta che sopportiamo con pazienza le comuni tribolazioni della nostra misera vita: le incomprensioni, le ingratitudini, le umiliazioni, le sofferenze causate dal mutar delle stagioni e dall'ambiente in cui viviamo. Esse formano la croce che il peccato ci ha caricato sulle spalle e che Dio ha voluto quale mezzo per la nostra redenzione».

Il senso di padre Leopoldo per la misura è davvero ammirabile. Con se stesso è molto severo e diviene celebre anche per le sue penitenze ed estreme privazioni. Con gli altri sa valorizzare anche il minimo sacrificio, purché sopportato con fiducia.

Preghiamo padre Leopoldo: per chiedere consolazione nelle afflizioni

O san Leopoldo,
vaso eletto dei doni dello Spirito Santo,
da te abbondantemente trasfusi in tante anime,
ti preghiamo di ottenerci di essere liberati
da tante pene e afflizioni che ci opprimono,
o di avere la forza di sopportare tutto
con pazienza
per acquistarci meriti per il cielo.

Tu che avesti sempre tanta compassione
per le nostre umane sofferenze
e consolasti tanti afflitti,
vieni in nostro aiuto;
nella tua bontà non ci abbandonare,
ma consola anche noi concedendoci
la grazia che domandiamo.

Gloria al Padre...

5 FONTE DI MIRACOLI A FAVORE DEI BAMBINI

I Fioretti di padre Leopoldo

Tra i destinatari delle grazie di padre Leopoldo ci sono i bambini. In vita egli ne amava le semplici virtù, dopo morto non manca di vegliare su di loro. Ecco due casi ben testimoniati e raccontati dai suoi biografi.

Stefano Sguotti, un bambino di Terrassa Padovana, il 2 ottobre 1949 cade dal carro che trasporta un pesante carico di barbabietole e ci finisce sotto. È raccolto e portato a casa: illeso. Dice: «Sono andato sotto il carro insieme a padre Leopoldo, ch'era tanto piccolo. Né io né lui ci siamo fatti del male. Le ruote sono prima passate su di lui e poi su di me». Il carro pesava una decina di quintali.

Una bambina di dieci anni deve essere ricoverata a Padova per essere operata di un tumore che la opprime al petto. Prima del ricovero, i genitori passano con lei nel convento di padre Leopoldo, morto cinque anni prima. Vanno verso la celebre cella e lì sono attesi da un frate piccolo, curvo, con la barba bianca. Il frate accarezza la piccola e raccomanda: «Abbiate fede, fede in Dio». La famiglia fa per uscire, mamma si volta e il frate non c'è più. La visita all'ospedale rivela che non c'è più nessun tumore. Guardando all'immagine di padre Leopoldo tutti si dicono certi che il misterioso frate fosse proprio lui.

Miracoli, grazie straordinarie, sì, ma sempre accompagnati da un contatto diretto tra il frate e il sofferente. Sono un prolungamento, dopo la morte, della sua missione e dello stile con cui lui mostrava amore per tutti. In questo caso, della sua predilezione per i bambini.

Preghiamo padre Leopoldo: per la protezione e l'educazione dell'infanzia

O san Leopoldo,
esempio di tenerezza,
di accoglienza, di vigilanza,
ti chiediamo di insegnarci la cura per i piccoli,
il rispetto per i doni che lo Spirito ha posto in loro,
la capacità di guidarli al bene
con le parole e con l'esempio,
perché, come te,
crescano nella forza della fede,
nell'intensità della speranza,
nella prontezza alla carità.

Gloria al Padre...

6 Sacerdote secondo il cuore di Cristo

I Fioretti di padre Leopoldo

Di particolare intensità la sua celebrazione della Messa. Uno dei suoi biografi afferma che egli si preparava «con timore e tremore», ogni volta, alla celebrazione dei Santi Misteri e invitava ogni sacerdote che gli era possibile accostare alla consapevolezza del grande compito sacramentale che ogni giorno lo attendeva. Spesso durante la celebrazione della Messa lacrimava. La sua devozione all'Eucaristia era nota a tutti e tutti ne traevano insegnamento ed esempio.

Padre Leopoldo sa qual è il centro della fede cristiana: l'amore di Dio Padre per i suoi figli consumato nel sacrificio di Cristo per i fratelli. Così consapevole di questa centralità, sa condurre tutti alla riscoperta del dono del pane consacrato.

Preghiamo padre Leopoldo: nella celebrazione della Messa e davanti all'Eucaristia

Dalle preghiere della Messa nel giorno della memoria liturgica di san Leopoldo Mandić, il 12 maggio

Accogli Signore, la nostra offerta,
e donaci un'esperienza viva del tuo amore,

perché, sull'esempio di San Leopoldo,
serviamo al tuo altare con cuore puro e generoso,
per celebrare degnamente la tua lode
e ottenere i benefici della salvezza.
Per Cristo nostro Signore.

O Dio, nostro Padre,
che ci hai nutrito con il pane della vita,
fa' che seguendo l'esempio di san Leopoldo,
ti onoriamo con fedele servizio
e ci prodighiamo con carità instancabile
per il bene dei fratelli.
Per Cristo nostro Signore.

7 Devoto a Maria

I Fioretti di padre Leopoldo

Ripeteva volentieri: «Abbiamo in cielo il cuore di una madre. La Vergine, nostra madre, che ai piedi della croce ha provato tutta la sofferenza possibile per una creatura umana, comprende i nostri guai e ci consola».

Aveva una straordinaria confidenza con Dio e con Maria, Il primo era per lui “il padrone”, lei “la padrona”. In entrambi insegnava a confidare come se questo atteggiamento fosse la cosa più naturale, la più logica al mondo. Non aveva bisogno di ricorrere alle conoscenze teologiche di cui pure era ricco: la fede popolare era già sufficiente, secondo lui, a illuminare ogni vita buona.

Maria, con la sua divina maternità, è per il santo frate una certezza consolante. Di lei condivide lo sguardo amorevole su Gesù e sui figli di Dio. In suo nome avrebbe voluto affrontare la missione e il martirio. La fece conoscere a tutti i suoi penitenti.

Preghiamo padre Leopoldo: per chiedere l'aiuto di Maria

O san Leopoldo,
che durante la tua vita mortale
nutristi un tenerissimo amore alla Madonna,
nostra dolce madre,
e ne fosti ricambiato con tanti favori,
ora che sei felice vicino a lei,

pregala per noi
affinché guardi alle nostre miserie
e si mostri sempre
nostra madre misericordiosa.

Ave Maria...